AF252631

QUE VAUT

UNE

DETTE D'HONNEUR?

PARIS

LIBRAIRIE INTERNATIONALE

15, BOULEVARD MONTMARTRE

A. LACROIX, VERBOECKHOVEN & Cᵉ, ÉDITEURS

A Bruxelles, à Leipzig et à Livourne

1868

QUE VAUT UNE DETTE D'HONNEUR ?

L'expédition du Mexique a donné lieu à des controverses ardentes, passionnées; mais il est un point sur lequel règne l'accord le plus parfait : les écrivains de toutes les couleurs, de toutes les nuances, les hommes politiques de tous les partis sont unanimes pour reconnaître que le gouvernement français est moralement responsable envers les souscripteurs des emprunts mexicains.

Cette unanimité s'explique par le rôle que le gouvernement a joué dans cette affaire : le gouvernement, en effet, ne s'est pas borné à ouvrir le marché français aux emprunts mexicains, il les a hautement patronés, facilités, lui-même l'a reconnu ; il a fait davantage encore, il a employé, pour les faire réussir, tous les moyens d'action dont il disposait, de telle sorte qu'il est vrai de dire que ces emprunts sont son œuvre. Il n'en fallait pas tant, assurément, pour engager, au plus haut degré, sa responsabilité. Or, qui dit responsabilité morale, garantie morale, dit dette d'honneur, et une dette d'honneur a toujours été considérée comme plus obligatoire encore, peut-être, qu'un engagement écrit.

Cependant, parmi ceux qui reconnaissent la dette, il en est

qui ne veulent pas permettre au gouvernement de l'acquitter.

Ceux-là sont-ils ses amis?

Et sur quoi se fonde leur opposition? sur quelques fins de non recevoir qu'il importe de livrer à l'appréciation de la conscience publique.

La conscience publique jugera, en même temps, si le gouvernement, responsable moralement, n'est pas également responsable en droit, et si la France elle-même n'est pas moralement et légalement engagée.

PREMIÈRE FIN DE NON-RECEVOIR : *Les souscripteurs des emprunts mexicains ont été imprudents, imprévoyants.*

Que l'on nous permette, tout d'abord, une simple réflexion : que deviendrait le crédit public, que deviendraient, grand Dieu ! les affaires, déjà si malades, s'il était permis de se débarrasser des malheureux que l'on aurait ruinés en leur disant : Vous avez eu tort de mal placer votre confiance, tant pis pour vous. A quel gâchis social et financier une pareille théorie, si elle était admise, ne conduirait-elle pas ! Donc, en principe, cette fin de non-recevoir n'est pas acceptable parce qu'elle n'est pas honnête.

Est-elle fondée en fait?

Pour résoudre cette question, il est néccessaire de se reporter à l'époque où les emprunts mexicains ont eu lieu. Que se passat-il alors? Nous ne dirons que quelques mots de M. Corta et de son discours.

Certes, M. Corta était un personnage éminent. Certes, encore, son discours avait une importance considérable. En effet, c'était un député qui venait rendre compte au pays de la mission qui lui avait été confiée ; c'était quelque chose de plus, c'était un témoin qui venait déposer de ce qu'il avait vu, entendu.

Aussi, lorsqu'après avoir fait ressortir dans ce langage coloré qui lui appartient, et les richesses du sol mexicain, et les ressources de toute nature dont l'empire mexicain pouvait disposer, il s'écriait que Maximilien, porté de Vera-Cruz à Mexico par une ovation continuelle, avait été sacré d'avance par l'assentiment universel des peuples sur lesquels il était appelé à régner;

lorsqu'il s'élevait avec indignation contre la seule pensée de rappeler notre armée, assurant que ce serait compromettre l'œuvre commencée et rendre notre politique la risée de l'Europe; lorsqu'il allait jusqu'à dire, aux applaudissements de la Chambre, qu'à la place de son drapeau, trop hâtivement replié, la France laisserait son honneur abandonné; que ce drapeau ne pouvait pas, ne devait pas être replié tant que les intérêts que la France soutenait au Mexique ne seraient pas garantis et sauvegardés, on comprend facilement l'impression profonde que de telles déclarations, émanant d'une telle source, durent produire sur les esprits.

Toutefois, nous le répétons, nous n'insisterons pas sur ce discours, parce que la parole de M. Corta, si autorisée qu'elle fût, n'engageait pas le gouvernement.

Par un sentiment de réserve que tout le monde comprendra, nous passerons également sous silence les discours du ministre d'Etat Billault, ainsi que les lettres et les discours de la couronne: ce sont là des documents qui appartiennent à l'histoire, et dont l'histoire fera son profit.

Il nous suffira, pour l'accomplissement de notre tâche, de rappeler quelques-unes des paroles prononcées par S. Exc. M. Rouher, ministre d'Etat, dans la mémorable séance du 11 avril 1865.

Chacun sait que le ministre d'Etat est l'organe officiel, accrédité du gouvernement, qu'il représente l'Empereur, qu'il parle au nom de l'Empereur.

Chacun sait également que, loin d'avoir été désavoué, S. Exc. M. Rouher a reçu du chef de l'Etat la récompense la plus flatteuse de ses succès de tribune.

Que disait donc, à cette époque, M. le ministre d'Etat au pays qui recueillait religieusement chaque parole qui tombait de sa bouche?

Après avoir énuméré, comme M. Corta, les richesses naturelles du Mexique, après avoir démontré, avec cet admirable talent de parole qui le distingue, que les ressources financières dont l'Empire mexicain pouvait disposer étaient plus que suffisantes pour lui permettre de remplir ses engagements; après avoir constaté le mouvement économique qui se produisait au

Mexique et dont la preuve résultait de la découverte et de l'exploitation de mines de toute nature, de l'établissement de plusieurs chemins de fer, des progrès de l'émigration, et notamment d'un fait qu'il signalait comme le symptôme le plus heureux pour l'Empire du Mexique, de la formation, par des capitaux français, d'une Banque nationale mexicaine qui devait prochainement organiser le crédit commercial à Mexico, abordant la question brûlante de l'emprunt, question brûlante, car cet emprunt allait s'ouvrir, il ajoutait :

« N'ayez donc aucune inquiétude, Messieurs, la haute direction de l'Empereur Maximilien assurera une véritable prospérité aux finances de l'Empire mexicain et d'incontestables garanties à ceux qui lui confieront leur argent. Vous vous préoccupez de l'emprunt à faire, et certainement si les prêteurs qui, demain, liront votre discours, ont confiance en vos allégations, ils ne se hâteront pas d'apporter leur argent ; et s'ils devaient vous prendre pour avocat, votre consultation serait négative.

» Eh bien ! je veux vous rassurer, vous inspirer confiance, n'ayez aucune inquiétude, l'emprunt est fait ; ces défiances, ces critiques accumulées à plaisir par une parole sans responsabilité, qui excite sur les intérêts vivaces du pays l'inquiétude et les alarmes, seront impuissantes ; on ne les écoutera pas et l'on aura parfaitement raison. »

En présence de telles déclarations, que devaient se dire les souscripteurs des emprunts ? devaient-ils se dire ceci : le gouvernement veut éviter de contracter un emprunt au nom de la France, et cependant il a besoin d'argent ; il a besoin d'argent pour continuer son entreprise, il a besoin d'argent pour remplir ses engagements envers l'Empereur Maximilien, il a donc un intérêt considérable à ce que l'emprunt réussisse. Ne serait-il pas dès lors prudent de se demander si, dans cette situation, le gouvernement n'aurait pas une tendance involontaire à s'exagérer les avantages du placement qui nous est offert ?

Non, les souscripteurs devaient se dire, ils se sont dit : Nous sommes en face d'un grand gouvernement, d'un gouvernement honnête, d'un gouvernement qui a la conscience de ses devoirs et de sa responsabilité, d'un gouvernement qui s'est donné la mission de relever le moral de la nation.

Si l'emprunt qui nous est proposé présentait des dangers, le gouvernement nous avertirait, ou s'il ne croyait pas devoir nous avertir, il resterait neutre; si donc, le gouvernement, malgré l'extrême réserve que sa position lui commande, au lieu de rester neutre, nous invite à la confiance; s'il s'efforce de dissiper les doutes qui nous arrêtent; s'il s'indigne contre ceux qui cherchent à nous inspirer des alarmes, c'est qu'il a la conviction profonde qu'il n'y a, ainsi qu'il le déclare, aucune inquiétude à concevoir, et cette conviction, nous pouvons, nous devons la partager.

En quoi donc, nous le demandons, les souscripteurs des emprunts mexicains ont-ils été si imprudents, en raisonnant ainsi? Mais est-ce tout? Non.

Le gouvernement ne s'est pas borné à prêcher la confiance. A la puissance de la parole il a joint la puissance de l'action. Et quelle action !

Pendant que le ministre des finances préside à l'émission des titres, l'armée de fonctionnaires placés sous ses ordres s'agite dans tous les sens. Et quelle armée ! !

Une armée composée de percepteurs, de receveurs particuliers, de receveurs généraux, auxquels se joignent, sur l'invitation du ministre, deux puissantes maisons de crédit; et comment résister aux instances d'hommes justement entourés de la considération publique, instances rendues encore plus vives par le désir bien naturel d'être agréables et de gagner la prime qui leur était acquise pour chaque titre qu'ils parvenaient à émettre.

Est-ce tout? Non. Ici vient se placer un fait qui, à lui seul, aurait suffi pour dissiper les dernières appréhensions des souscripteurs, s'ils avaient pu en conserver. Nous voulons parler de la vente faite à son profit par le Trésor français des titres qui lui étaient échus en partage.

En effet, s'il est permis de suspecter des valeurs émises par une maison de commerce, il n'est pas permis de suspecter des valeurs émises par un gouvernement, par cette raison qu'il n'est pas permis à un gouvernement, qui se respecte, de jeter sur le marché des valeurs douteuses; aussi, par cela seul que le gouvernement offrait des titres mexicains, ces titres devaient être acceptés comme offrant des garanties sérieuses.

Est-ce tout? Non. Sans doute il n'était pas probable que le gouvernement consentirait à abandonner une entreprise qui avait déjà coûté de si grands sacrifices et qui avait été déclarée devoir être la plus grande œuvre du règne.

. Mais des probabilités ne suffisaient pas aux capitalistes; il leur fallait une certitude. Le gouvernement avait déclaré, en janvier 1864, la veille du premier emprunt, que la durée du séjour des troupes françaises au Mexique aurait pour règle la protection efficace des intérêts que la France était allée y défendre : au mois d'avril 1865, les intentions du gouvernement étaient-elles toujours les mêmes?

Le gouvernement était il résolu, oui ou non, à maintenir l'armée française au Mexique, non pas indéfiniment sans doute, mais autant de temps que l'exigerait la protection des intérêts français qui y étaient engagés ?

Etait-il résolu, oui ou non, à ne pas reculer devant l'opposition des Etats-Unis? Là était toute la question. En effet, avec l'armée française, on pouvait croire au succès de l'entreprise mexicaine; sans l'armée française, cette entreprise n'était qu'un rêve.

De cette question dépendait donc le sort de l'empire mexicain; de cette question dépendait aussi le sort de l'emprunt qui allait s'ouvrir.

Que répond M. le ministre d'Etat? Suivant lui, l'opposition des Etats-Unis n'est pas à redouter, parce qu'elle n'a pas de raison d'être. Quant aux intentions du gouvernement, il les signifie aux pays qui l'écoute, dans des termes qui ont une telle importance que nous devons les reproduire textuellement :

« Eh bien, j'ai dit, et je le répète, que l'expédition française
» au Mexique a été une grande chose ; que par cette expédition
» la France a conquis à la civilisation un grand pays ; que son
» drapeau y flotte quelques mois encore, qu'il achève d'écraser
» les dernières résistances ; qu'il détruise ces bandits, derniers
» débris de tant de révolutions, ces passions mauvaises surexci-
» tées, qu'importe un séjour prolongé de quelques mois encore !
» *Le but doit être atteint, la pacification doit être complète, la*
» *dignité de la France, celle de l'Empereur le veulent également.*
» L'armée française ne doit revenir sur nos rivages que son

» œuvre accomplie et triomphante des résistances qu'elle aura
» rencontrées. » (Bravos et applaudissements.)

Ainsi donc, c'est M. le ministre d'Etat qui le déclare : le but
doit être atteint; ce but, M. le ministre d'Etat le précise : La
pacification du Mexique doit être complète. Telle est la volonté
du gouvernement, et, afin que le doute ne soit plus possible,
afin de prouver à quel point cette volonté est ferme, résolue,
immuable, M. le ministre d'Etat ajoute ces paroles véritablement solennelles : *La dignité de la France, celle de l'Empereur
le veulent également*. Puis, surabondamment et dans le but, sans
doute, de rendre sa pensée plus saisissante encore, s'il est possible, il termine par cette phrase : l'armée française ne doit
revenir sur nos rivages que son œuvre accomplie et triomphante
des résistances qu'elle aura rencontrées.

C'est sur la foi de ces engagements que le second emprunt et
la conversion du premier emprunt ont eu lieu, de même que le
premier emprunt avait eu lieu, en 1864, sur la foi d'engagements de même nature.

Ces engagements ont-ils été tenus ? Non.

Est-ce à dire que nous reprochions au gouvernement d'avoir
changé de ligne de conduite ? Telle n'est pas notre pensée ; nous
reconnaissons, au contraire, que le gouvernement avait le droit,
même le devoir, de s'inspirer, avant tout, des intérêts supérieurs
du pays ; mais, en pareil cas et en bonne justice, ces intérêts
supérieurs satisfaits ne doivent-ils pas une indemnité aux intérêts, plus modestes sans doute, mais respectables également,
qui leur ont été sacrifiés?

Et c'est dans de telles ciconstances que l'on ose accuser les
souscripteurs des emprunts mexicains d'imprudence, d'impré-
voyance !

Comment, on leur promet quoi ? la pacification complète du
Mexique. Que pouvaient-ils donc désirer de mieux ?

Est-ce que la pacification complète n'emportait pas nécessai-
rement l'idée des résistances vaincues, de l'ordre rétabli ?

Est-ce que la pacification complète n'était pas le couronne-
ment de l'édifice que l'on voulait fonder?

Et comme gage de l'accomplissement de cette promesse, on
leur offre quoi?

La dignité de la France.|

Pouvaient-ils donc rêver une garantie plus haute, plus élevée ? Si grandeur oblige, est-ce qu'une telle garantie ne devait pas avoir à leurs yeux la valeur d'une signature ?

DEUXIÈME FIN DE NON-RECEVOIR : *Soit, dit-on, le gouvernement est responsable moralement, aussi responsable qu'il soit possible de l'être.*

Nier cette vérité, ce serait vouloir fermer les yeux à la lumière, mais il n'est pas responsable en droit, car il a fait les réserves les plus expresses, car il a déclaré, à plusieurs reprises que la France ne garantissait en aucune façon, ni directement ni indirectement, les emprunts contractés au nom du gouvernement mexicain.

A cela nous répondrons tout d'abord que, dès l'instant où la conscience publique juge le gouvernement responsable moralement, la cause des souscripteurs est gagnée. En effet, ainsi que nous l'avons dit en commençant, la responsabilité morale constitue une obligation morale, et, pour les honnêtes gens, l'obligation morale vaut le titre le plus authentique : envisagée à ce point de vue, la question prend des proportions immenses, elle cesse d'être une question d'argent pour devenir une question sociale. Que deviendra la société le jour où les puissances de ce monde cesseront de donner aux masses l'exemple du respect de la foi jurée ?

L'autorité n'existe que par le respect qu'elle inspire. Bien aveugles, bien à plaindre sont ceux qui méconnaissent cette grande vérité.

Au surplus, est-il donc vrai de dire que le gouvernement n'est pas responsable en droit ? L'objection, tirée des réserves qu'il a faites paraît sérieuse au premier abord, mais il suffit d'un peu de réflexion pour se convaincre qu'elle ne repose que sur une équivoque, et ce mot ne résume-t-il pas à lui seul l'histoire de l'expédition mexicaine ?

Sans doute, si, *une fois établi*, l'empire mexicain avait été renversé par la guerre ou la révolution;

Sans doute, si, *une fois établi*, l'empire mexicain n'avait pas rempli ses engagements, le gouvernement français ne serait pas responsable.

Pourquoi ? parce que le gouvernement français n'a garanti ni la durée, ni la solvabilité de l'empire du Mexique. Le gouvernement français n'a garanti qu'une chose, l'établissement au Mexique d'un gouvernement fonctionnant régulièrement, au milieu de contrées complétement pacifiées. Cette promesse une fois réalisée, la responsabilité du gouvernement français était dégagée.

Et c'est précisément par cette raison, et en vue des éventualités de l'avenir, qu'il a été stipulé, dans le principe, qu'une somme déterminée serait déposée, afin de reconstituer le capital prêté.

De même encore si les souscripteurs des emprunts venaient dire au gouvernement français : Nous avons éprouvé un préjudice par le fait du gouvernement mexicain, vous nous en devez la réparation, on aurait le droit de leur répondre que le gouvernement français n'est pas responsable parce qu'il n'était pas solidaire.

Mais ce n'est pas là ce que disent les souscripteurs des emprunts, et il ne faut pas leur faire dire ce à quoi ils ne songent même pas.

Ils disent, au contraire, au gouvernement français : Vous n'êtes responsable, ni du fait ni des engagements contractés par l'empire du Mexique, soit ; mais, soumis à la loi commune, vous êtes responsable des faits et des engagements qui vous sont propres, et nous ne prétendons pas autre chose.

Or, vous nous avez promis, dans les termes les plus solennels, que l'armée française resterait au Mexique autant de temps que l'exigerait la protection des intérêts qu'elle était allée y défendre. Est-ce vrai ?

Vous nous avez promis que le but que vous poursuiviez serait atteint, vous nous avez promis la pacification complète du Mexique ; est-ce vrai ?

C'est sur la foi de ces engagements, qui étaient notre garantie, que, répondant à votre appel, nous avons consenti à souscrire. Personne n'a le droit d'en douter, car personne n'a le droit de nous supposer absolument dénués d'intelligence et de raison.

Ces engagements vous ne les avez pas tenus, non pas par impuissance, Dieu merci ! mais par suite de considérations politiques que nous n'avons pas à apprécier.

C'est l'inexécution de ces engagements qui est la cause du dommage que nous avons souffert. Ces engagements sont votre fait et vous sont exclusivement personnels.

Donc, à tous les points de vue, au point de vue de la morale, de la loyauté, de la bonne foi, de l'équité, de la justice, et aussi *du droit*, ce dommage, qui provient de votre fait, vous êtes tenu de le réparer.

Et c'est dans de telles conditions que l'on s'étonne de voir les souscripteurs des emprunts réclamer une indemnité !

Mais est-il donc possible d'imaginer une demande plus légitime et mieux fondée ?

Pour ne pas l'accueillir, il faut, de toute nécessité, nier la valeur des promesses faites, ou le principe de la responsabilité.

Est-ce possible ?

TROISIÈME FIN DE NON-RECEVOIR : *Les droits des souscripteurs des emprunts sont si évidents qu'il est bien difficile de les contester.*

Cependant il serait bien dur d'être obligé de rendre de grosses sommes dont on n'a pas retiré l'avantage qu'on en attendait; ne serait-il pas possible de s'en dispenser? Ce serait une iniquité sans doute, mais ce serait aussi un grand embarras de moins; et, en définitive, ces souscripteurs sont-ils donc aussi intéressants qu'on veut bien le prétendre? Ils ont obéi à des passions mauvaises; ils ont été séduits par l'appât du gain, des gros intérêts; ils ont dû comprendre que les risques auxquels ils s'exposaient étaient en rapport avec les avantages exceptionnels qui leur étaient accordés; les obligations mexicaines n'étaient autre chose que des billets de loterie; d'ailleurs, les titres mexicains sont répandus dans tant de mains que la perte ne peut pas être considérable pour les intéressés.

Faut-il donc répondre sérieusement à d'aussi pauvres objections ?

Vous dites que les souscripteurs ont été séduits par l'appât

Qu'en savez-vous? Sommes-nous donc dégénérés à ce point ? A l'époque où nous vivons, le sentiment patriotique et national est-il donc devenu chose si rare qu'on n'y croie plus ? Ah! si ce reproche que vous leur adressez était mérité, n'auraient-ils pas le droit de répondre : Si nous sommes coupables d'avoir approché nos lèvres de la coupe si pleine d'enchantements et de promesses qui nous était offerte, combien sont plus coupables encore ceux qui nous l'ont présentée !

Mais, encore une fois, c'est là un jugement téméraire ; on oublie que ces malheureux, en prenant part aux emprunts, n'ont fait que répondre à l'appel qui leur était adressé par le gouvernement de la France. Et qui donc osera dire que ce gouvernement avait fait appel aux passions mauvaises ?

Et s'il en était ainsi, par quel miracle ne rencontrerait-on parmi les souscripteurs que des amis de l'Empire ?

Vous prétendez que les obligations mexicaines n'étaient que des billets de loterie !

C'était la veille des emprunts qu'il fallait dire cela à ces malheureux pères de famille qui ont englouti dans ces fatales opérations le pain de leurs enfants, la dot de leurs filles, leurs épargnes amassées sou à sou, au prix des plus dures privations, le fruit du travail, c'est-à-dire ce qu'il y a de plus sacré au monde.

A cette époque, ce langage eût été honorable et utile, aujourd'hui il n'est plus qu'une insulte adressée au malheur.

Une loterie, dites-vous ? une loterie de près de trois cents millions !

Et pourquoi donc une loterie ? Parce que des lots étaient attachés aux titres mexicains ? mais est-ce que ce fait est sans précédents ? est-ce qu'il n'est pas, en quelque sorte, passé dans les mœurs financières de notre époque ? Ne voit-on pas tous les jours des établissements de crédit, des villes, des Etats emprunter dans des conditions identiques ? Pour ne citer que deux exemples, est-ce que la ville de Paris, le Crédit foncier ne payent pas de gros, de très-gros lots à leurs actionnaires? s'ensuit-il qu'ils aient le droit de manquer à leurs obligations, de faire banqueroute ? D'où vient que ce qui est bon pour les uns ne serait pas bon pour les autres ?

Vous dites qu'ils devaient savoir qu'ils s'exposaient à des dangers, et vous avez raison. Mais s'ensuit-il que l'on ait eu le droit de leur imposer des risques dont ils devaient se croire garantis par leur contrat, et qui n'avaient pas même pu entrer dans leurs prévisions? Sans doute, ils pouvaient craindre que la ruine ne leur vînt du dehors, par la guerre ou la révolution ; mais pouvaient-ils supposer que le coup qui devait les atteindre, leur serait porté par la main qui devait les protéger, les défendre?

Vous dites que les titres mexicains sont dispersés dans tant de mains que la perte subie par les souscripteurs ne peut pas être considérable. Erreur profonde! tout a été immense dans cette affaire : immense est le désastre, immense a été l'entraînement des souscripteurs, comme devait l'être leur confiance. Entendez-le bien, c'est la ruine de milliers de familles qui ont englouti leurs ressources dans ces emprunts maudits et qui sont aujourd'hui dans la plus affreuse détresse. Ah ! si vous étiez témoins des souffrances, des larmes, des cris de désespoir de ces malheureux, votre cœur, fût-il de rocher, serait ému, vous seriez touchés de tant d'infortunes, et surtout de tant d'infortunes imméritées!

Et puis, tout est relatif en ce monde, et depuis quand la propriété du pauvre, si modeste qu'elle soit, n'est-elle pas aussi respectable et aussi sacrée que la propriété du riche?

Arrière donc toutes ces arguties qui ne sont autre chose que des défaillances morales indignes de notre pays!

QUATRIÈME FIN DE NON-RECEVOIR :

Nous voici arrivés au gros argument à l'aide duquel on espère nous réduire à solliciter comme une faveur, comme un acte de générosité, ce que nous revendiquons hautement, comme un droit, comme un acte de justice.

La France, dit-on, n'est pas légalement engagée.

Cela veut-il dire que la France n'est pas constitutionnellement engagée? Eh bien, nous adjurons les hommes honnêtes de tous les partis de se faire juges de cette question que nous allons attaquer résolûment et par les cornes.

Pour que la France soit engagée constitutionnellement, que faut-il? Deux choses.

Que l'expédition du Mexique ait été entreprise constitutionnellement; que le crédit de la France ait été engagé constitutionnellement; rien de plus, rien de moins.

Ces deux conditions se rencontrent-elles?

Aux termes de la Constitution, le chef de l'Etat a le droit de mettre en mouvement la puissance militaire de la France; ce droit est absolu, personne ne peut y faire obstacle.

Donc, en déclarant la guerre au Mexique, en envoyant une armée au Mexique, en poursuivant la conquête du Mexique, le chef de l'Etat n'a fait qu'user d'un droit qu'il tient de la Constitution.

Aux termes de la Constitution, il appartenait au Corps législatif seul d'engager le crédit de la France dans cette affaire. Ce crédit, le Corps législatif l'a-t-il engagé?

S'il est un fait certain, acquis, c'est que le Corps législatif a connu la question mexicaine dans tous ses détails, depuis le commencement jusqu'à la fin. Aussi, M. le ministre d'Etat a-t-il pu dire, avec raison, qu'il l'avait cent fois discutée, cent fois jugée, cent fois approuvée, car personne n'a oublié les acclamations, les bravos, les applaudissements qui accueillaient les paroles des orateurs du gouvernement. Dernièrement encore le Corps législatif ne se levait-il pas, presque tout entier, pour déclarer qu'il avait toujours fait cause commune avec le gouvernement?

Et que l'on ne dise pas que le Corps législatif s'est borné à applaudir et à laisser faire; la vérité est que, chaque fois que l'occasion s'en est présentée, il a associé son action à l'action du gouvernement. Nous pourrions en citer de nombreux exemples; nous n'en citerons qu'un, parce qu'il est plus que suffisant et sans réplique possible.

Le Corps législatif n'a-t-il pas décidé par un *vote*, entendez-vous? par un *vote* au scrutin, qui plus est, la prolongation de l'intervention française au Mexique?

Le Corps législatif n'a-t-il pas repoussé par un *vote* l'amendement par lequel l'opposition demandait le rappel de notre armée?

Cet acte législatif était, à coup sûr, la démonstration la plus éclatante de l'identité de vues, de sentiments, de volontés qui existaient dans cette affaire entre le gouvernement et les mandataires du pays.

Mais cet acte législatif n'avait-il pas une portée plus haute encore? Décider la prolongation de l'intervention française au Mexique, c'était évidemment en accepter le principe; et en accepter le principe, c'était juger que le but en était légitime. Décider la prolongation de cette intervention, c'était juger qu'elle était nécessaire, car c'était juger que l'intérêt de la France était tel qu'il exigeait que nos soldats continuassent à verser leur sang pour le défendre. C'était donc ratifier une fois de plus le passé, les faits accomplis.

Ce n'était pas seulement ratifier le passé, les faits accomplis, c'était engager le présent et l'avenir, car c'était ratifier au nom de la France l'engagement qui venait d'être renouvelé au nom de l'Empereur, d'atteindre le but que l'on poursuivait, c'est-à-dire de réaliser la pacification complète du Mexique, c'est-à-dire de fonder l'empire mexicain.

C'était engager le présent et l'avenir, car c'était engager la France plus profondément encore dans une entreprise qui présentait des chances diverses; c'était accepter les sacrifices qu'elle devait, qu'elle pouvait entraîner après elle, sacrifices faciles à prévoir si l'on songe que le Mexique était sans ressources et que le succès des emprunts était plus qu'incertain, puisque l'on va jusqu'à dire que ceux qui y ont pris part ont fait acte d'insensés! S'il est vrai que qui veut la fin doit vouloir les moyens, c'était autoriser le gouvernement à faire les dépenses nécessaires et par conséquent s'obliger à accepter les dépenses qui auraient été faites.

Or, dès l'instant où cette obligation était admise en principe, tout était dit au point de vue de la Constitution; le reste n'est plus que subtilité.

Que penserait-on d'un simple particulier qui, forcé de confesser qu'il avait tout permis, tout approuvé, tout autorisé, tout accordé, répondrait à ceux qui feraient appel à sa loyauté : Je n'ai pas signé, donc je ne dois rien ! ·

Est-ce là le rôle que l'on voudrait faire jouer à la France? la

France n'aurait même pas cette triste ressource, car elle est rivée à la question mexicaine par les actes de ses mandataires, et ces actes, elle ne peut pas les dénier sans dénier sa signature.

De ce qui précède, il résulte donc que l'expédition du Mexique a été entreprise constitutionnellement, que les dépenses de cette expédition ont été autorisées constitutionnellement; comment dès lors pourrait-on soutenir que le crédit de la France n'a pas été constitutionnellement engagé?

Et si, dans de telles circonstances, il est démontré que l'argent dont elle a disposé, elle ne l'avait reçu que conditionnellement; s'il est démontré que cette condition, hautement acceptée par elle, elle ne l'a pas remplie, quel prétexte lui reste-t-il pour se dispenser de le rendre?

Est-on mieux fondé à prétendre que la France n'est pas engagée au point de vue du droit commun? Si, comme nous croyons l'avoir établi, le gouvernement responsable moralement est également responsable en droit à raison de ses actes qui sont la cause du préjudice souffert par les souscripteurs des emprunts, comment le Corps législatif, qui s'est constamment associé à ces actes, qui a toujours fait cause commune avec le gouvernement, pourrait-il ne pas partager cette double responsabilité, alors surtout que, loin de la repousser, il la revendique?

Et si le Corps législatif est responsable, comment la France qu'il représente ne le serait-elle pas? Cette responsabilité résulte de faits qui constituent ce que l'on appelle en droit un quasi-contrat. Elle repose sur un principe de justice qui est la loi des nations comme elle est la loi des individus.

CINQUIÈME FIN DE NON RECEVOIR : *En admettant, dit-on, que les souscripteurs des emprunts ne soient pas indignes de commisération, est-il donc possible de leur sacrifier l'intérêt des contribuables?*

Il est certain que si la question était uniquement de savoir si les contribuables ont intérêt à ne pas indemniser les souscripteurs des emprunts mexicains, la réponse ne serait pas un seul instant douteuse; mais au-dessus de cette question, il en est une autre qui est celle de savoir s'ils peuvent s'en dispenser.

Nous croyons avoir démontré qu'ils y sont obligés en droit.

Examinons s'ils n'y sont pas obligés en équité, et l'équité ne doit pas être sans valeur dans notre siècle de progrès, de civilisation ; dans notre pays de foi, de loyauté, d'honneur, ainsi qu'on le répète, avec raison, tous les jours.

Nous le demandons à tous les hommes de bonne foi, à la charge de qui les avances faites par la France au Mexique seraient-elles restées si les emprunts n'avaient pas réussi ? à la charge des contribuables, n'est-il pas vrai ? C'est donc aux souscripteurs de ces emprunts que les contribuables doivent d'avoir eu cette charge de moins à supporter.

Mais allons plus loin, si les emprunts mexicains avaient échoué, si, mieux inspirés, les souscripteurs de ces emprunts étaient restés sourds à l'appel qui leur était adressé, que serait-il advenu ?

Le gouvernement aurait-il pu, aurait-il voulu abandonner l'expédition du Mexique ? L'aurait-il pu en présence des traités qu'il avait signés, des engagements qu'il avait pris ? En supposant qu'il l'eût pu, y aurait-il consenti ?

Y aurait-il consenti en 1864, lors du premier emprunt ? A cette époque où les espérances étaient entières, la confiance excessive, le ciel riant et sans nuages, où tout semblait promettre un succès prompt et facile, où l'on croyait n'avoir qu'à étendre le bras pour saisir le triomphe que l'on convoitait ! qui le croira ?

Y aurait-il consenti en 1865, lors du second emprunt et de la conversion du premier, à cette époque où l'on disait à la tribune, aux applaudissements de l'assemblée, que la France ne pouvait pas replier son drapeau sans abandonner son honneur ; où l'entraînement était tel que le gouvernement n'hésitait pas à faire appel sur appel à la confiance des capitalistes français, à prendre les engagements les plus solennels, et où le Corps législatif lui-même décidait par un vote que l'intervention française continuerait quelques mois encore, parce que quelques mois devaient suffire pour pacifier le Mexique, pour fonder l'empire de Maximilien.

Qui croira, en présence de cet entraînement général, de cette confiance que rien n'avait pu ébranler, que le gouvernement eût consenti à perdre le fruit des sacrifices accomplis, à s'arrêter lorsqu'il se croyait si près du but, à abandonner son œuvre, à laquelle il attachait un si grand prix ?

Et que l'on ne dise pas que le Corps législatif eût peut-être reculé devant une demande d'argent ! Reculer devant une considération de cette nature, alors qu'on disait à la tribune que l'honneur de la France voulait qu'on marchât en avant. Allons donc ! alors qu'on engageait sans scrupule d'immenses capitaux, l'épargne du pays ! Alors que le Corps législatif votait, avec enthousiasme, la prolongation de l'intervention ! C'est là une supposition inadmissible.

Comment admettre, en effet, que le Corps législatif se fût montré plus avare des écus que du sang de la France ? c'est impossible.

Il est donc certain que, si la ressource des emprunts lui avait manqué, la France aurait emprunté, non plus sous le nom du Mexique, mais à visage découvert, et en son nom. Si elle ne l'a pas fait, si elle a pu se soustraire à cette nécessité, elle le doit, encore une fois, aux souscripteurs des emprunts. Et l'on voudrait qu'elle leur répondît, aujourd'hui qu'ils s'adressent à sa loyauté : Si vous ne m'étiez pas venus en aide, j'aurais été bien forcée de supporter les charges d'une expédition dans laquelle e déclarais mon honneur et mes intérêts engagés, mais puisque vous avez été assez imprudents, assez fous pour m'apporter votre argent, tant pis pour vous, ces charges c'est vous qui les supporterez, et pour que le châtiment soit plus complet, c'est encore votre argent qui aura servi à rembourser les créanciers anglais de la république mexicaine !

Ce langage ne serait pas digne de notre pays, c'est assez dire qu'il ne le tiendra pas.

Mais il n'en est pas moins vrai que, si les emprunts ne lui avaient pas procuré les sommes dont elle avait besoin, la France les aurait empruntées, et qu'elle les devrait à d'autres. Il est donc clair comme le jour qu'elle a profité des emprunts. Dans quelle mesure ? évidemment dans la mesure, non-seulement de ce qu'elle a employé à son usage personnel, ce qui ne peut faire question, mais encore, mais en outre, dans la mesure des sommes qui ont servi aux nécessités de son expédition, et qu'elle aurait dû, soit puiser dans ses caisses, soit demander à l'emprunt.

Et quand on songe que ce profit a été obtenu au prix de la
ruine des souscripteurs, la conscience et le patriotisme s'alar-
ment et se demandent si la France peut, honorablement et sans
déroger, conserver des avantages acquis à de telles conditions.

Elle le peut d'autant moins peut-être que le produit de ces
emprunts qui, le monde entier le sait, n'ont eu de mexicain que
le nom ; qui étaient destinés, disait-on, à aider le Mexique à s'or-
garniser militairement et financièrement, n'a servi, en réalité,
qu'à nourrir, qu'à entretenir l'armée française, jusqu'au jour où
il a plu à la France de dire : J'en ai assez, allons-nous-en !

Or, voyez-vous une armée de la France vivant, non pas aux
dépens de la nation, non pas aux dépens de l'ennemi, mais sur
les crochets de petits particuliers !

Voyez-vous le vaillant soldat de l'armée du Mexique mangeant
peut-être le pain de sa famille !

Quel spectacle grandiose, digne de notre époque et de la
grande nation !

Et pourquoi donc la France ne payerait-elle pas les frais de la
guerre du Mexique comme elle a payé les frais de toutes les
guerres qu'elle a soutenues jusqu'à ce jour !

Que la guerre vienne à éclater demain pour une cause ou
pour une autre, pour délivrer la Pologne, par exemple, ceux
qui se préoccupent tant de l'intérêt des contribuables seront les
premiers à crier par-dessus les toits que la France est assez riche pour payer sa gloire ; eh bien ! nous sommes de ceux qui
pensent et qui disent que la France, avant tout, doit être assez
riche pour payer ses dettes, surtout une dette d'honneur comme
celle qu'elle a contractée envers les souscripteurs des emprunts,
une dette qui est l'enfant de ses œuvres, une dette criarde qui
ferait tache dans son histoire, si elle la laissait en souffrance, et
qui, si elle la prenait à sa charge, comme elle le doit, se per-
drait, pour ainsi dire inaperçue dans l'océan de ses budgets.

Nous le répétons, pourquoi cette exception sans précédent
dans l'histoire du monde civilisé ?

Tout n'était-il donc pas français dans l'affaire mexicaine : la
pensée qui l'a inspirée, le but qu'elle se proposait d'atteindre, les
résultats qu'elle devait produire, jusqu'au drapeau dont la vue
seule mettait en fuite les ennemis de la France ?

Eh quoi ! la France déclare la guerre au Mexique pour venger son honneur, qui avait été outragé, et défendre les intérêts de ses nationaux, qui avaient été audacieusement foulés aux pieds.

Arrivée au Mexique, la France se trouve en présence d'un pays dévoré par la révolution, et de ce même gouvernement qui l'avait insultée, sur la foi duquel il était impossible de compter, avec lequel on ne pouvait pas songer à traiter sérieusement, par cette raison que, eût-il eu la volonté de tenir ses engagements, il n'en aurait pas eu le pouvoir.

Dans cette situation, la France ne voulant pas quitter le Mexique sans avoir obtenu, sinon les satisfactions auxquelles elle avait droit, tout au moins des garanties contre le retour des faits qui lui avaient mis les armes à la main ; ne pouvant pas se résigner à avoir fait en pure perte une démonstration militaire coûteuse, et qui n'aurait eu d'autre résultat que de démontrer son impuissance, d'énorgueillir son ennemi et de ruiner à jamais les intérêts qu'elle voulait sauver ; dans cette situation, disons-nous, la France eut la pensée de profiter du concours qui lui était offert par les hommes les plus considérables du Mexique, heureux de saisir cette chance de sauver leur patrie, pour établir dans ce pays un gouvernement régulier, assez honnête et assez fort pour faire respecter le droit des gens.

Telle a été la pensée vraie qui a dominé dans l'affaire mexicaine ; le reste, forme de gouvernement, empire ou république, n'était qu'accessoire, qu'incident de la route, que moyen d'exécution.

C'était une pensée de protection qui n'était que l'accomplissement d'un de ces devoirs que les grandes nations doivent accepter, sous peine de déchéance ; c'est bien ainsi qu'elle a été comprise par ce qu'on appelle le pays légal ; et c'est parce qu'ils l'ont ainsi comprise que les grands corps de l'Etat s'y sont associés et l'ont soutenue de leurs suffrages.

Comment, dès lors, pourrait-on dire sérieusement que cette entreprise n'était pas une entreprise nationale, à moins qu'on ne prétende qu'elle avait perdu ce caractère, parce que, tout en sauvegardant les intérêts de la France, elle devait encore produire ce magnifique résultat d'arracher à l'anarchie de belles, de riches contrées, de les conquérir au progrès, à la civilisation, d'ouvrir au commerce du monde des horizons inconnus, immenses, et de procurer à la France une source de richesses incalculables.

Ah ! ce n'est pas d'aujourd'hui que nous savons que les hommes sont aveugles et injustes !

Mais l'histoire dira avec nous que la pensée qui a inspiré l'entreprise mexicaine a été grande, généreuse, et par-dessus tout, patriotique et française.

Pourquoi faut-il qu'elle soit ternie par l'ombre fâcheuse d'une question d'argent !

Et c'est précisément parce que c'était une entreprise nationale, que nous disons que la France doit en accepter les charges, et qu'elle ne peut pas, sans s'amoindrir et sans commettre une iniquité, les rejeter sur les souscripteurs des emprunts mexicains.

Nous disons que cette iniquité serait d'autant plus grande que, après avoir tout fait pour gagner leur confiance, après avoir tout fait pour les associer à son œuvre, la France les a sacrifiés aux intérêts de sa politique.

N'est-il pas évident de plus que le principe qui a prévalu en faveur des banquiers acquéreurs des titres du trésor doit prévaloir en faveur des souscripteurs ?

La France a eu la sagesse de comprendre qu'elle ne pouvait pas exiger l'exécution d'un traité dont elle-même n'avait pas respecté les conditions.

Par la même raison, elle doit comprendre qu'il est impossible qu'elle garde un argent qu'elle n'a obtenu qu'en retour des engagements les plus solennels qu'elle n'a pas observés.

Quand onn'a fait entrer l'argent dans une caisse, afin de pouvoir y puiser, qu'en s'imposant des obligations qu'on n'a pas remplies, la restitution n'est-elle pas un devoir?

La France, si elle s'y refusait, traînerait après elle une plaie toujours saignante, que le temps ne ferait qu'envenimer, et que la génération présente transmettrait aux générations à venir.

Nous disons que le cœur se soulève à cette pensée ; que des malheureux puissent être ruinés, pourquoi ? Juste ciel ! pour avoir accepté avec abandon la main qui leur était offerte, pour avoir répondu avec dévouement à la voix aimée qui les appelait, pour avoir cru à la parole de la France !

Quelle responsabilité ! quel enseignement ! quel coup porté à la confiance, qui est l'âme des affaires et du crédit public ! quelle source d'amères récriminations, dont l'explosion n'est contenue que par l'espoir d'une solution équitable !

Et parmi les souscripteurs il en est beaucoup certainement, croyez-le pour votre honneur et pour le nôtre, et ce sont les plus compromis, qui ont obéi à un sentiment autre que l'appât du gain ; n'auront-ils donc pour récompense que l'ingratitude, l'oubli, l'insulte et la misère ? quelle leçon !

Ah ! nous le répétons avec une profonde conviction, dans les conditions véritablement inouïes où elle se présente, la question des emprunts mexicains est plus qu'une question d'argent, c'est une question sociale.

Que les souscripteurs des emprunts mexicains aient confiance : dans notre pays, la justice a toujours le dernier mot.

Leur confiance doit être d'autant plus ferme, qu'ils invoquent, avant tout, une dette d'honneur, et qu'ils savent que, dans la grande cause qui les intéresse, la France est, à la fois, juge et partie !

L'histoire dira que l'empereur Maximilien est mort, nous ne dirons pas en prince, mais en homme de cœur ; l'histoire dira qu'il a noblement acquitté sa dette envers ceux qui s'étaient dévoués à sa fortune.

Prions Dieu qu'elle en dise autant de notre pays ! ! !

Paris. — Imprimerie Dubuisson et Cᵉ, rue Coq-Héron, 5.

www.ingramcontent.com/pod-product-compliance
Lightning Source LLC
LaVergne TN
LVHW051130060726
842526LV00006B/1986